小学生学习民法典　有趣、权威的普及读物

图说民法典

注音版

【1—2年级】

李洁　李喜燕　｜著
刘波　何剑锋

北京大学出版社
PEKING UNIVERSITY PRESS

图书在版编目（CIP）数据

图说民法典：注音版 / 李洁等著. —北京：北京大学出版社，2021.4

ISBN 978-7-301-32154-6

Ⅰ.①图… Ⅱ.①李… Ⅲ.①民法 – 法典 – 中国 – 儿童读物 Ⅳ.① D923-49

中国版本图书馆 CIP 数据核字 (2021) 第 103167 号

本书采用出版物版权追溯防伪凭证，读者可通过手机下载APP扫描封底二维码，或者登录互联网查询产品信息。

书　　　　名	图说民法典：注音版 TUSHUO MINFADIAN：ZHUYINBAN
著作责任者	李　洁　李喜燕　刘　波　何剑锋　著
责 任 编 辑	刘文科
标 准 书 号	ISBN 978-7-301-32154-6
出 版 发 行	北京大学出版社
地　　　　址	北京市海淀区成府路205号　100871
网　　　　址	http://www.pup.cn　http://www.yandayuanzhao.com
电 子 邮 箱	编辑部yandayuanzhao@pup.cn　总编室zpup@pup.cn
新 浪 微 博	@北京大学出版社　@北大出版社燕大元照法律图书
电　　　　话	邮购部 010-62752015　发行部 010-62750672　编辑部 010-62117788
印 刷 者	三河市祥达印刷包装有限公司
经 销 者	新华书店
	787毫米×1092毫米　16 开本　5.5 印张　88千字 2021年4月第1版　2023 年10月第3次印刷
定　　　　价	17.00元

未经许可，不得以任何方式复制或抄袭本书之部分或全部内容。

版权所有，侵权必究

举报电话: 010-62752024　电子邮箱: fd@pup.cn

图书如有印装质量问题，请与出版部联系，电话: 010-62756370

出版说明

《中华人民共和国民法典》（以下简称民法典）于2020年5月28日由第十三届全国人民代表大会第三次会议通过，自2021年1月1日起正式施行。

民法典是新中国成立以来第一部以"法典"命名的法律，是新时代我国社会主义法治建设的重大成果，是一部固根本、稳预期、利长远的基础性法律。

遵照习近平总书记的指示，中共中央宣传部发布了关于加强民法典学习宣传的通知。通知要求加强民法典重大意义的宣传教育，广泛开展民法典的普法工作。让民法典走进校园，让广大中小学生了解民法典，学习民法典，是民法典普及工作的重要组成部分。

为了让广大中小学生更好地了解民法典、学习民法典，我们组织相关的法律与教育专家撰写了这套"图说民法典"丛书。这套丛书分为注音版（1—2年级）、少年版（3—6年级）和提高版（中学使用），共计三册。

这套丛书的每一单册，均按照民法典内容框架编写，分为七编：总则编、物权编、合同编、人格权编、婚姻家庭编、继承编、侵权责任编。

为了让中小学生对枯燥、繁杂的法律专业内容感兴趣、易理解、好掌握，我们采用了漫画图解、知识问答、案例读本、法典解读相结合的设计方案。在短短的千字文章中，让中小学生能够结合具体生活情境，了解民法典条文的基本内容及应用。我们用充满生活情趣的漫画和配文还原关键的生活情境，让学生更直观、更形象地理解民法典的基本内容。

针对不同年龄段学生的学情，我们在法条选取和语言风格方面都下足了功夫。在小学低年级阶段，读本内容更多地侧重家庭及人与人之间的关系，文字简单生动并配有拼音；在小学高年级及中学阶段，逐步增加有关物权、合同等较复杂社会内容的法条解释。

这套丛书的作者都是法律与教育领域的专家，在法律的教学科研和社会实践方面都成果斐然，这也保证了这套普法丛书既专业又接地气。希望这套丛书真正成为广大中小学生了解民法典的"良师益友"。

目录

总则编

受赠行为是否有效？……01

监护人应向被监护人承担赔偿责任吗？……03

是否应兑现承诺给胎儿的两万元？……06

教育机构是监护人吗？……08

小白享有著作权吗？……10

物权编

拿别人的东西需经许可吗？……13

自行车损毁，谁担责？……15

把彩笔卖给我，好吗？……17

两人可否共享一物？……19

鹦鹉蛋归谁？……21

谁的钱包？……23

合同编

我找到了小兰阿姨丢失的宠物狗……26

停电了，我怎么看动画片？……28

生日蛋糕的图案错了 …… 30

我帮妈妈取快递 …… 32

我照顾了一只丢失的宠物猫 …… 34

我的压岁钱被飞飞捡了 …… 36

人格权编

轩轩被胖胖欺负了，该怎么办呢？ …… 38

轩轩被王老师关进办公室了 …… 40

丹丹的照片上广告了 …… 43

张轩轩的妹妹改名换姓了 …… 45

轩轩的日记被公开了 …… 47

轩轩的个人信息被泄露了 …… 49

婚姻家庭编

父母可以随意打孩子吗？ …… 52

妈妈有权决定参加志愿活动吗？ …… 55

丹丹的二叔能收养孩子吗？ …… 57

杰克叔叔能收养墨墨吗？ …… 59

继承编

丹丹的妈妈有继承权吗？ …… 62

徐志华爷爷的遗嘱有效吗？ …… 64

一件让人哭笑不得的事 ………………… 67

大伯的遗产 ……………………………… 69

侵权责任编

损坏的水晶球怎么赔偿？ ……………… 71

丹丹的治疗费用谁承担？ ……………… 73

小狗咬人谁负责？ ……………………… 75

高空抛物要避免 ………………………… 78

总则编

受赠行为是否有效？

又到了小朋友期盼的春节，5岁的丹丹收到了奶奶赠送的口琴1支。丹丹接过长辈馈赠的口琴，可高兴了。她拿着口琴跟爸爸炫耀，爸爸告诉她，等她长大后还会收到长辈的礼物，丹丹的表哥就收到过钢琴和小提琴。

爸爸想让丹丹学些法律知识，于是把《法律常识》一书递给她说道："丹丹，去问问律博士，你今天受赠口琴1支，你表哥9岁时受赠钢琴1架，15岁时受赠小提琴1把，受赠行为有效吗？"

问题

丹丹及表哥的受赠行为有效吗?

律博士答复

丹丹受赠口琴1支的行为无效。

丹丹表哥受赠钢琴1架、小提琴1把的行为有效。

丹丹5岁时是无民事行为能力人,受赠口琴1支的行为未由其法定代理人父亲或母亲代理实施,依据《民法典》第二十条、第一百四十四条的规定,丹丹受赠口琴1支的民事法律行为无效。

丹丹的表哥9岁、15岁时是限制民事行为能力人,受赠钢琴1架、小提琴1把,该受赠行为虽未经法定代理人代理或者经其法定代理人同意、追认,但其属于纯获利益的民事法律行为。依据《民法典》第十九条、第一百四十五条第一款的规定,丹丹表哥受赠钢琴1架、小提琴1把的行为有效。

第十九条 八周岁以上的未成年人为限制民事行为能力人，实施民事法律行为由其法定代理人代理或者经其法定代理人同意、追认；但是，可以独立实施纯获利益的民事法律行为或者与其年龄、智力相适应的民事法律行为。

第二十条 不满八周岁的未成年人为无民事行为能力人，由其法定代理人代理实施民事法律行为。

第一百四十四条 无民事行为能力人实施的民事法律行为无效。

第一百四十五条 限制民事行为能力人实施的纯获利益的民事法律行为或者与其年龄、智力、精神健康状况相适应的民事法律行为有效；实施的其他民事法律行为经法定代理人同意或者追认后有效。

相对人可以催告法定代理人自收到通知之日起三十日内予以追认。法定代理人未作表示的，视为拒绝追认。民事法律行为被追认前，善意相对人有撤销的权利。撤销应当以通知的方式作出。

监护人应向被监护人承担赔偿责任吗？

丹丹的邻居小强今年13岁，是一个钢琴天才少年。上小学时，小强就因为多次参加钢琴比赛获奖，共得奖金100万元。这100万元的奖金全部存到了小强父母的账户上。

当时的房地产市场火热,大家都在投资买房。小强爸爸决定用小强的奖金以小强的名义购买房屋一套,房产证上写的是小强的名字。

不久后,房地产市场动荡,市场价格大幅下跌。小强名下的那套房子贬值不少,原本值钱的房子,变成了烫手的山芋。一天,小强妈妈开玩笑地跟小强爸爸说:"看你这投资的眼光太差了,房子贬值那么多,你应该赔偿我们儿子的损失。"

问题

小强爸爸应向小强承担损害赔偿责任吗?

律博士答复

小强爸爸赵某无须向小强承担损害赔偿责任。监护人小强爸爸将被监护人小强的100万元奖金用于为被监护人小强购买房屋的行为,是为维护被监护人利益。综合考虑可行的投资渠道、各类投资的风险和回报,购买房屋的行为应认定为监护人小强爸爸是按照最有利于被监护人的原则在履行监护职责。虽事后房屋大幅贬值，亦不能认定小强爸爸未尽监护职责给被监护人小强造成损失。故依据《民法典》第三十四条第一款、第三十五条第一款的规定，小强爸爸无须对此承担损害赔偿责任。

第三十四条　监护人的职责是代理被监护人实施民事法律行为，保护被监护人的人身权利、财产权利以及其他合法权益等。

监护人依法履行监护职责产生的权利，受法律保护。

监护人不履行监护职责或者侵害被监护人合法权益的，应当承担法律责任。

因发生突发事件等紧急情况，监护人暂时无法履行监护职责，被监护人的生活处于无人照料状态的，被监护人住所地的居民委员会、村民委员会或者民政部门应当为被监护人安排必要的临时生活照料措施。

第三十五条　监护人应当按照最有利于被监护人的原则履行监护职责。监护人除为维护被监护人利益外，不得处分被监护人的财产。

未成年人的监护人履行监护职责，在作出与被监护人利益有关的决定时，应当根据被监护人的年龄和智力状况，尊重被监护人的真实意愿。

成年人的监护人履行监护职责，应当最大程度地尊重被监护人的真实意愿，保障并协助被监护人实施与其智力、精神健康状况相适应的民事法律行为。对被监护人有能力独立处理的事务，监护人不得干涉。

是否应兑现承诺给胎儿的两万元？

林叔叔是丹丹邻居刁叔叔的高中同学，一直在海外发展。林叔叔今年想回国游玩，于是告知了老同学刁叔叔。刁叔叔表示一定会热情招待。林叔叔一下飞机，刁叔叔就亲自去接他回家。到了刁叔叔家后，刁叔叔做了一桌子菜款待他。

为表示感谢，林叔叔对刁叔叔怀孕的妻子承诺，他们的孩子出生后赠送孩子两万元。刁叔叔妻子不置可否，刁叔叔同意并表示感谢。

半年后，刁叔叔的孩子小飞一出生，他就把好消息发给了林叔叔。结果等了很久林叔叔都没有兑现承诺赠与的两万元。于是，刁叔叔给林叔叔打电话询问，林叔叔支支吾吾地回答自己当时喝酒了，不记得说过的话了。

问题

（1）该赠与合同生效吗？

（2）受赠人是小飞吗？

 律博士答复

（1）该赠与合同已经生效。

（2）受赠人是小飞。

依据《民法典》第十六条的规定，胎儿自受胎时起即享有民事权利能力，但需要具备以下要件：

① 胎儿娩出时为死体的，其民事权利能力自始不存在，若胎儿活着出生，胎儿确定自受胎时起即享有民事权利能力。

② 胎儿的民事权利能力只包括享有民事权利的能力，不包括承担民事义务的能力。

小飞为胎儿时，即可作为受赠人订立赠与合同，但须经其法定代理人父亲或母亲代理。林叔叔向胎儿作出赠与的要约，胎儿的父亲予以承诺，赠与合同成立并生效。

小飞活着出生，小飞确定自受胎时起即享有民事权利能力，赠与合同的受赠人为小飞。

民法典直通车

第十六条 涉及遗产继承、接受赠与等胎儿利益保护的,胎儿视为具有民事权利能力。但是,胎儿娩出时为死体的,其民事权利能力自始不存在。

教育机构是监护人吗?

丹丹的邻居甲有个活泼可爱的儿子乙,今年到了上幼儿园的年纪。邻居甲不放心自己的儿子乙在幼儿园期间的安全,总是有一些不好的想象:想象儿子乙与小朋友围着饭桌吃饭时被饭菜噎到;想象儿子乙与小朋友捉迷藏时被碰伤;想象儿子乙与小朋友准备一起睡觉时调皮捣蛋,与别的小朋友打架。

总则编

邻居甲的妻子觉得幼儿园应该有能力负责她儿子乙的全部安全，因为它们有良好的硬件设备和优秀的幼儿教师，儿子乙在幼儿园的监护职责应该由幼儿园全部承担。

邻居两口子争论不下，就来请教丹丹的爸爸。丹丹爸爸说这个问题比较专业，正好可以请教律博士。

 问 题

甲的幼子乙在幼儿园期间，甲的监护职责全部转移给幼儿园，这个说法正确吗？

 律博士答复

这个说法不正确。

《民法典》第一千一百九十九条、第一千二百条、第一千二百零一条规定了无民事行为能力人或者限制民事行为能力人在幼儿园、学校或者其他教育机构学习、生活期间，教育机构仅负有教育、管理职责，教育机构不是监护人。依据《民法典》第二十七条的规定，父母等人或组织仍为监护人。故这个说法不正确。

民法典直通车

第二十七条 父母是未成年子女的监护人。

未成年人的父母已经死亡或者没有监护能力的，由下列有监护能力的人按顺序担任监护人：

（一）祖父母、外祖父母；

（二）兄、姐；

（三）其他愿意担任监护人的个人或者组织，但是须经未成年人住所地的居民委员会、村民委员会或者民政部门同意。

第一千一百九十九条 无民事行为能力人在幼儿园、学校或者其他教育机构学习、生活期间受到人身损害的，幼儿园、学校或者其他教育机构应当承担侵权责任；但是，能够证明尽到教育、管理职责的，不承担侵权责任。

第一千二百条 限制民事行为能力人在学校或者其他教育机构学习、生活期间受到人身损害，学校或者其他教育机构未尽到教育、管理职责的，应当承担侵权责任。

第一千二百零一条 无民事行为能力人或者限制民事行为能力人在幼儿园、学校或者其他教育机构学习、生活期间，受到幼儿园、学校或者其他教育机构以外的第三人人身损害的，由第三人承担侵权责任；幼儿园、学校或者其他教育机构未尽到管理职责的，承担相应的补充责任。幼儿园、学校或者其他教育机构承担补充责任后，可以向第三人追偿。

小白享有著作权吗？

丹丹的表哥小白自幼文学禀赋极高，平时爱好写作。他9岁时创作了小说《小二白》，周围亲戚朋友都觉得写得不错。这天，小白给爸爸妈妈朗诵了小说《小二白》中的一个片段，爸爸用视频录了下来，并发到了自己的社交媒体上，获得很多网友的点赞。

视频的火爆也引起了某著名网站的注意，于是他们联系小白爸爸妈妈商谈网络传播权事宜。小白想将该小说的网络传播权转让给这家网站，但小白的爸爸妈妈一直不同意，说他年纪还小，不具备转让的资格。

问题

以下说法是否正确：小白对该小说不享有著作权，网络传播权转让合同有效。

律博士答复

这种说法不正确。小白对该小说享有著作权，网络传播权转让合同无效。

依据《民法典》第十三条、第十九条及著作权法的相关规定，创作作品是事实行为，不是法律行为，未成年人基于事实行为取得著作权，无须具有相应行为能力。小白自作品创作完成之日起就取得小说《小二白》的著作权（不以发表为前提）。故小白对该小说享有著作权。

9岁的小白是限制民事行为能力人，其与网站签订的信息网络传播权转让合同，不是使小白纯获利益的民事法律行为或者与其年龄、智力相适应的民事法律行为，该合同应由小白的法定代理人父母代理或者经其法定代理人同意、追认。故网络传播权转让合同无效。

民法典直通车

第十三条 自然人从出生时起到死亡时止，具有民事权利能力，依法享有民事权利，承担民事义务。

第十九条 八周岁以上的未成年人为限制民事行为能力人，实施民事法律行为由其法定代理人代理或者经其法定代理人同意、追认；但是，可以独立实施纯获利益的民事法律行为或者与其年龄、智力相适应的民事法律行为。

物权编

拿别人的东西需经许可吗？

丹丹的舅妈来到丹丹的家中做客，经妈妈同意，送给丹丹一支精美的钢笔，上面印着一只可爱的小猫咪。丹丹很喜欢，爱不释手。

丹丹平时把钢笔放在书包里，只有上课的时候才拿出来用。同桌扬扬看见丹丹钢笔上的小猫咪，顺手就夺了过去，丹丹与扬扬争吵起来。老师听见争吵的声音，走过去询问原因。丹丹说钢笔是舅妈送给自己的，自己刚刚拿出来就被扬扬夺走了，扬扬如果要用的话要经过自己的许可。而扬扬认为夺过来的钢笔就应该是自己的。

问题

谁能拥有这支钢笔？

律博士答复

丹丹拥有这支钢笔，丹丹拥有这支钢笔的所有权。

依据《民法典》第一百一十四条的规定，物权是指权利人依法对特定的物具有直接支配和排他的权利，包括所有权、用益物权和担保物权。所有权是最完整、最充分的物权。所有人在法律规定的范围内独占性地支配其所有的财产和权利。所有权人可以对其所有的财产占有、使用、受益、处分，并可以排除他人违背其意志所为的干涉行为。

所有权是绝对权，义务主体是所有权人以外的一切人，且均不得非法干涉所有权人行使其权利，是一种特定的不作为义务。

丹丹依法受赠该钢笔，享有该钢笔的所有权，未经丹丹同意，扬扬不能随意占有丹丹的钢笔。

物权编

第一百一十四条 民事主体依法享有物权。

物权是权利人依法对特定的物享有直接支配和排他的权利，包括所有权、用益物权和担保物权。

自行车损毁，谁担责？

丹丹的邻居丙找甲借自行车，甲的自行车与乙的很相像，都放在楼下的车棚。丙因为有急事，一时错认乙的自行车为甲的，就把乙的车骑走了。

甲第二天发现自己的车还在车棚里，而乙的车已经不见了。于是就去告知丙骑错了车，但丙没有理睬。

某日，丙骑车去购物，将车放在商店楼下。丙出来时发现商店的墙体倒塌了，车也被砸坏了。

你骑错自行车了！

问题

对于乙车的损坏，谁应当承担赔偿责任？

 律博士答复

对于乙车的毁损，丙应当承担赔偿责任。

依据《民法典》第四百六十一条的规定，丙恶意占有自行车期间，自行车毁损、灭失的，不论恶意占有人丙对自行车的毁损、灭失有无过错，权利人乙均有权请求恶意占有人丙承担赔偿责任。丙占有乙自行车期间，自行车因意外事件毁损、灭失，丙对自行车的毁损、灭失无过错。但是，当甲告知丙骑错车时，丙对乙自行车的占有变更为恶意占有，恶意占有人应承担赔偿责任。据此，对于乙车的毁损，丙应当承担赔偿责任。

 民法典直通车

第四百六十一条 占有的不动产或者动产毁损、灭失，该不动产或者动产的权利人请求赔偿的，占有人应当将因毁损、灭失取得的保险金、赔偿金或者补偿金等返还给权利人；权利人的损害未得到足够弥补的，恶意占有人还应当赔偿损失。

物权编

把彩笔卖给我，好吗？

今天的最后一堂课是美术课，丹丹（9岁）忘记带彩笔了，就向同桌晓晓（9岁）借。晓晓把其中的一支黄颜色的彩笔拿出来给了丹丹。丹丹觉得晓晓的这支彩笔很特别，笔盖上有挂件，是一只可爱的小狗。小狗的样子跟奶奶养的小狗很像，都是黄色的柴犬，丹丹很喜欢。

丹丹想用自己的零花钱将这只彩笔买下来，晓晓觉得自己还有很多支彩笔，就决定卖给丹丹。于是，两个小朋友开始商量起价格。最后，晓晓以0.5元的价格将丹丹已经借用的这支黄颜色的彩笔卖给了丹丹。

问题

丹丹购买晓晓的彩笔成功了吗？

律博士答复

9岁的丹丹和晓晓虽是限制民事行为能力人，但依据《民法典》第十九条的规定，可以独立实施与其年龄、智力相适应的民事法律行为，因此丹丹和晓晓订立的彩笔买卖合同有效。

晓晓是该彩笔的所有权人，对其享有处分权。依据《民法典》第二百二十六条的规定，晓晓已经通过简易交付的方式完成了对该彩笔的交付。丹丹取得该彩笔的所有权。因此，丹丹购买晓晓的彩笔成功。

民法典直通车

第十九条 八周岁以上的未成年人为限制民事行为能力人，实施民事法律行为由其法定代理人代理或者经其法定代理人同意、追认；但是，可以独立实施纯获利益的民事法律行为或者与其年龄、智力相适应的民事法律行为。

第二百二十四条 动产物权的设立和转让，自交付时发生效力，但是法律另有规定的除外。

第二百二十六条 动产物权设立和转让前，权利人已经占有该动产的，物权自民事法律行为生效时发生效力。

两人可否共享一物？

丹丹和晓晓在放学回家的路上看见路边有卖发卡的，有不少好看的发卡。丹丹和晓晓认真地挑选起来，两人都相中了同一个发卡。拿起发卡，她们笑起来。到底该谁来买？若单独购买发卡，钱不够，两个人的钱加在一起才正好够买发卡。于是两人商量起来，最后决定一起出钱购买。

两个人在兜里找钱，丹丹掏出1块，晓晓掏出2块。两人约定各自占有份额是1:2，丹丹在星期一、星期三、星期五佩戴，晓晓在星期二、星期四、星期六佩戴，周日都不使用发卡。就这样愉快地买下了那个好看的发卡。拿着喜欢的新发卡，两个好朋友一起手挽手高兴地回家了。

问 题

丹丹和晓晓两个人可以共同拥有一个发卡吗？

 律博士答复

丹丹和晓晓两个人可以共同拥有一个发卡。依据《民法典》的相关规定，拥有发卡在性质上属于法律上的按份共有。按份共有，指两人以上按照各自确定的份额对共有物享有权利和承担义务的共有关系。按份共有中的份额是所有权的份额，而不是共有物的份额，按份共有人对其份额享有独立的所有权，有权自主决定转让、抵押其份额（无须其他共有人同意）。

　　第二百九十七条 不动产或者动产可以由两个以上组织、个人共有。共有包括按份共有和共同共有。

　　第二百九十八条 按份共有人对共有的不动产或者动产按照其份额享有所有权。

物权编

鹦鹉蛋归谁？

丹丹在学校举办的绘画大赛中获得了一等奖，回家后开开心心地把奖状交给妈妈。妈妈为奖励丹丹，送给她一只鹦鹉。

丹丹的好朋友欢欢来家中做客，看到丹丹家里的鹦鹉也很开心，就一起与鹦鹉玩了起来，欢欢玩得很高兴，对丹丹说："这只鹦鹉太可爱了，你能不能借我养几天？""那你得答应我好好照顾它。""一定，放心吧。"于是丹丹同意欢欢饲养鹦鹉一周。

欢欢将鹦鹉带回家后爱不释手，精心饲养，细心照料。在这期间，这只可爱的鹦鹉在欢欢家里产下一枚鹦鹉蛋。

问题

请问这枚鹦鹉蛋属于谁？

律博士答复

鹦鹉蛋属于丹丹。

鹦鹉蛋于分离时，系原物（鹦鹉）所生天然孳息。天然孳息，指原物因自然规律或者按照物的用法而产生的出产物。天然孳息有两个特征：第一，须与原物分离，成为独立的物，如鸡下的蛋、剪下的羊毛、初生的牛犊、挤出的牛奶等。第二，系原物按照自然规律或者用法所产生的出产物，如牛奶、牛犊属于天然孳息，屠牛所取得的牛皮、牛肉就不是天然孳息。

"丹丹同意欢欢饲养鹦鹉一周"是借用合同关系，并未发生鹦鹉所有权的变动，丹丹仍是鹦鹉的所有权人。依据《民法典》第三百二十一条的规定，天然孳息鹦鹉蛋由所有权人丹丹取得。

民法典直通车

第三百二十一条　天然孳息，由所有权人取得；既有所有权人又有用益物权人的，由用益物权人取得。当事人另有约定的，按照其约定。

法定孳息，当事人有约定的，按照约定取得；没有约定或者约定不明确的，按照交易习惯取得。

谁的钱包？

一日，丹丹和小伙伴在小区里玩捉迷藏的游戏。小伙伴用一块红布蒙住丹丹的眼睛，丹丹数到99时自己扯下那块红布开始寻找伙伴。突然，丹丹看见地上有一个红色的钱包。丹丹捡起来，大声问道："这是谁的钱包？这是谁的钱包？"听到喊声，小伙伴们便停下游戏，开始寻找失主。

过了一会儿，一位漂亮姐姐出现在小区，显得很着急，好像在四处寻找什么。

丹丹看见钱包上的照片与姐姐是同一人，断定钱包是姐姐的，便主动上前将钱包交给姐姐。姐姐很高兴，说："谢谢你，小朋友，你帮了我一个大忙！"

丹丹说："没关系，应该的！"

丹丹和小伙伴们高兴地跑开了，继续玩捉迷藏的游戏，幸福、欢快的笑声回荡在小区上空，一阵接着一阵。

问题

小朋友拾得的钱包应当返还给姐姐吗，你知道其中蕴含的法律意义吗？

律博士答复

钱包属于遗失物。依据《民法典》第三百一十四条至第三百一十八条的规定，拾得遗失物，应当返还权利人或送交公安等有关部门。

拾得遗失物，会在失主与拾得人（或公安等有关部门）之间产生一定的法律关系。拾得人在捡拾遗失物后会产生如下义务：拾得人向失主返还遗失物及孳息；拾得人应当及时通知权利人领取或者送交公安等有关部门；妥善保管遗失物，否则可能产生不利法律后果。

拾金不昧既是中华民族的传统美德，也是法律规定的义务，丹丹同学履行了拾得人的义务，为其他同学做出了榜样。

民法典直通车

第三百一十四条 拾得遗失物，应当返还权利人。拾得人应当及时通知权利人领取，或者送交公安等有关部门。

第三百一十五条 有关部门收到遗失物，知道权利人的，应当及时通知其领取；不知道的，应当及时发布招领公告。

第三百一十六条 拾得人在遗失物送交有关部门前，有关部门在遗失物被领取前，应当妥善保管遗失物。因故意或者重大过失致使遗失物毁损、灭失的，应当承担民事责任。

第三百一十七条 权利人领取遗失物时，应当向拾得人或者有关部门支付保管遗失物等支出的必要费用。

权利人悬赏寻找遗失物的，领取遗失物时应当按照承诺履行义务。

拾得人侵占遗失物的，无权请求保管遗失物等支出的费用，也无权请求权利人按照承诺履行义务。

第三百一十八条 遗失物自发布招领公告之日起一年内无人认领的，归国家所有。

合同编

我找到了小兰阿姨丢失的宠物狗

星期天阳光灿烂,丹丹下楼找小伙伴在院子里玩。

路过公告栏时,丹丹看见一则寻狗启事,上面写着:如果谁

找到丢失的小狗,就奖励巧克力一盒。丹丹认识这只丢失的小狗。小狗名叫花妞,是邻居小兰阿姨养的。花妞全身毛茸茸,一双圆溜溜的大眼睛,非常乖巧可爱。

丹丹急忙找到小伙伴，一起在院子里找花妞。最后，在院子的一个偏僻角落里找到了花妞。丹丹把花妞送到小兰阿姨家。小兰阿姨非常高兴，表扬了丹丹。但是，小兰阿姨没有给丹丹巧克力。丹丹想给大家分享巧克力的愿望落空了，有点失落。

问 题

小兰阿姨应不应该给丹丹巧克力？

律博士答复

小兰阿姨应该给丹丹一盒巧克力，兑现寻狗启事上的承诺。按照《民法典》的规定，小兰阿姨的寻狗启事是悬赏广告的一种。一旦张贴寻狗启事，丹丹完成找到狗的指定行为，就要产生广告合同的法律效力。如果小兰阿姨不兑现承诺，丹丹可以请求小兰阿姨支付巧克力。

第四百九十九条 悬赏人以公开方式声明对完成特定行为的人支付报酬的，完成该行为的人可以请求其支付。

停电了，我怎么看动画片？

星期六的晚上，丹丹在家里兴致勃勃地看动画片。

当丹丹沉浸在欢乐的时光中时，突然眼前一片漆黑，停电了。丹丹尖叫起来，爸爸妈妈急忙拿着手电筒来到丹丹身边察看情况。

经过爸爸妈妈的检查，发现马大哈爸爸忘了交电费。爸爸说，供电公司通过短信多次提醒他，但他老是忘记。爸爸向大家道歉。

丹丹急坏了，嚷嚷道："这可怎么办呢？"

爸爸说："别着急！我立刻交电费。"爸爸赶快拿出手机，经过操作，交清了所有的费用。一会儿，家里供电恢复正常了。丹丹欢呼着继续观看动画片。

合同编

问题

供电公司可以停电吗？

律博士答复

丹丹家是用电人，供电公司是供电人，他们之间形成供电合同。供电人有义务向用电人供电，用电人有义务支付电费。爸爸忘记支付供电公司的电费，供电公司也多次催告爸爸交费，经过合理的期限后，供电公司按照国家规定的程序可以暂时停电。

第六百四十八条 供用电合同是供电人向用电人供电，用电人支付电费的合同。

向社会公众供电的供电人，不得拒绝用电人合理的订立合同要求。

第六百五十四条 用电人应当按照国家有关规定和当事人的约定及时支付电费。用电人逾期不支付电费的，应当按照约定支付违约金。经催告用电人在合理期限内仍不支付电费和违约金的，供电人可以按照国家规定的程序中止供电。

供电人依据前款规定中止供电的，应当事先通知用电人。

生日蛋糕的图案错了

今天,丹丹要过7岁的生日,丹丹非常高兴。

昨天,爸爸带着丹丹去蛋糕店定做了一个生日蛋糕。

生日蛋糕的图案按照丹丹的心愿制作,图案包括:一个花仙子和小鹿、小兔两个小动物,写着"7岁生日快乐"。爸爸付了蛋糕店200元钱。

今天上午,爸爸带着丹丹取蛋糕。到了蛋糕店,阿姨打开蛋糕让丹丹和爸爸验收。

丹丹是个细心的孩子,一眼就看出了问题:蛋糕上面的小动物不是小鹿和小兔,而是小狗和小羊。"7岁生日快乐"写成了"6岁生日快乐"。

丹丹皱着眉头,看着爸爸,该怎么办呢?

爸爸指出了问题,蛋糕店的阿姨表示歉意。爸爸提出重新做一个图案正确的生日蛋糕的要求。

问题

丹丹爸爸的要求合理吗？

律博士答复

丹丹爸爸的要求合理。按照《民法典》的规定，丹丹要过生日，爸爸与蛋糕店构成蛋糕定做的承揽合同。爸爸按照丹丹的心愿提出要求，并给蛋糕店付款。蛋糕店应该按照要求完成正确图案蛋糕的制作。丹丹发现蛋糕图案有错误，与当初定做的要求不符，爸爸可以要求蛋糕店重新做蛋糕。

民法典直通车

第七百七十条 承揽合同是承揽人按照定作人的要求完成工作，交付工作成果，定作人支付报酬的合同。

承揽包括加工、定作、修理、复制、测试、检验等工作。

第七百八十条 承揽人完成工作的，应当向定作人交付工作成果，并提交必要的技术资料和有关质量证明。定作人应当验收该工作成果。

第七百八十一条 承揽人交付的工作成果不符合质量要求的，定作人可以合理选择请求承揽人承担修理、重作、减少报酬、赔偿损失等违约责任。

我帮妈妈取快递

上周末,丹丹妈妈去外地看丹丹的外婆。外婆送给妈妈一套精美的瓷器餐具,妈妈用快递邮寄到家。

这周星期六上午,妈妈接到快递员叔叔的电话。丹丹自告奋勇地说:"妈妈,我帮你去小区门口拿快递。"妈妈表扬了丹丹,让丹丹注意别打碎了。

丹丹记住快递信息,飞快地来到小区门口,告知快递员叔叔信息,丹丹拿到了妈妈的快递。但是,包裹里有碎片的声音。

丹丹不知所措,该怎么办呢?

丹丹给妈妈打了电话。妈妈来到门口,打开包裹,确实是几个瓷器碗破碎了。妈妈向快递员叔叔提出疑问,并说:"我选择了你们公司运输,付了快递费,在运输过程中你们就应该注意运输安全。"

碗怎么碎了?

合同编

 问题

妈妈的瓷器餐具破碎，该由谁来赔？

 律博士答复

妈妈的瓷器餐具应该由快递公司来赔。按照《民法典》的规定，妈妈选择了快递公司运输瓷器餐具，并支付了运输费。快递公司运输了餐具，并收取了运输费。妈妈和快递公司之间构成了货物运输合同。快递公司在运输过程中对瓷器餐具的损害承担赔偿责任。

 民法典直通车

第八百零九条 运输合同是承运人将旅客或者货物从起运地点运输到约定地点，旅客、托运人或者收货人支付票款或者运输费用的合同。

第八百一十一条 承运人应当在约定期限或者合理期限内将旅客、货物安全运输到约定地点。

第八百三十二条 承运人对运输过程中货物的毁损、灭失承担赔偿责任。但是，承运人证明货物的毁损、灭失是因不可抗力、货物本身的自然性质或者合理损耗以及托运人、收货人的过错造成的，不承担赔偿责任。

我照顾了一只丢失的宠物猫

一天，丹丹在回家的路上发现一只白色小猫。小猫脖子上挂着铃铛，全身毛茸茸的，朝着丹丹喵喵地叫，非常讨人喜欢。看样子，小猫与主人走散了。

丹丹寻找小猫主人，没有找到。小猫蹭着丹丹也不愿意离去。如果没有人照顾这只宠物小猫，小猫就会挨饿生病。

于是，丹丹将小猫带回家喂养。经过爸爸妈妈同意，丹丹用自己的压岁钱给小猫买了猫粮、玩具和梳子。

一个月后，小猫的主人出现了，并找到了丹丹，要求丹丹返还小猫。

丹丹的爸爸妈妈认为，在一个月的时间里，丹丹照顾这只小猫一共花费了600元压岁钱，小猫的主人应该支付丹丹600元钱。但是，小猫的主人不同意。

 问题

宠物猫的主人该不该支付丹丹花费的600元压岁钱？

 律博士答复

宠物猫的主人应该支付给丹丹600元。按照《民法典》的规定，丹丹没有照顾宠物猫的义务，但是丹丹为了宠物猫不挨饿生病，保护了宠物猫主人的利益。丹丹与宠物猫主人之间构成无因管理准合同，宠物猫主人应该支付丹丹照顾小猫所花费的600元压岁钱。

第九百七十九条 管理人没有法定的或者约定的义务，为避免他人利益受损失而管理他人事务的，可以请求受益人偿还因管理事务而支出的必要费用；管理人因管理事务受到损失的，可以请求受益人给予适当补偿。

管理事务不符合受益人真实意思的，管理人不享有前款规定的权利；但是，受益人的真实意思违反法律或者违背公序良俗的除外。

我的压岁钱被飞飞捡了

周末，丹丹带着一张50元的压岁钱准备去买文具。

丹丹走到小区院子里，碰见了萱萱、飞飞、明明和亮亮在一起玩耍。

丹丹想：先和大家一起玩一会儿，再去买文具。于是，丹丹和大家一起做游戏。

游戏结束后，丹丹去买文具。她边走边摸口袋，发现钱不见了。这下可急坏了丹丹。她急忙原路返回，寻找丢失的钱。

这时候听见小伙伴在吵闹，丹丹看见飞飞手里举着一张50元。

丹丹飞快地跑过去，对着飞飞说："这是我的，我刚才做游戏的时候丢的。还给我！"飞飞说："钱上又没有你的名字，我捡到的就是我的。"

小伙伴有支持丹丹的,也有支持飞飞的。大家吵得不可开交。

 问题

飞飞该不该返还丹丹的50元钱?

 律博士答复

飞飞应该返还丹丹的50元钱。按照《民法典》的规定,飞飞捡到了丹丹丢失的50元钱,是不当得利。飞飞获利没有法律依据,丹丹作为受损人可以要求飞飞返还50元钱的不当得利。

民法典直通车

第九百八十五条 得利人没有法律根据取得不当利益的,受损失的人可以请求得利人返还取得的利益,但是有下列情形之一的除外:

(一)为履行道德义务进行的给付;

(二)债务到期之前的清偿;

(三)明知无给付义务而进行的债务清偿。

人格权编

轩轩被胖胖欺负了,该怎么办呢?

一天,在放学回家的路上,轩轩被胖胖拦住了,要钱要东西。

胖胖是小学高年级的,比轩轩高一头,长得胖胖的。

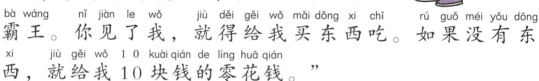

胖胖对轩轩说:"我是咱们这块儿的小霸王。你见了我,就得给我买东西吃。如果没有东西,就给我10块钱的零花钱。"

轩轩说:"我凭什么给你?你找你爸妈要去。我没有!"

胖胖恶狠狠地说:"你这个小东西,长得跟瘦猴一样!我要让你知道我的厉害。"说完后,胖胖一把

人格权编

揪住轩轩的领子,把轩轩按倒在地,一顿揍。轩轩被打得鼻青脸肿,哭着回家把这件事告诉了妈妈。

第二天,轩轩妈妈找到学校,跟老师反映这件事情。

老师找到胖胖,并叫来胖胖的爸爸。老师对胖胖进行了批评教育,要求胖胖向轩轩赔礼道歉,承担轩轩的治疗费用。胖胖的爸爸道了歉,表示愿意承担责任。

 问 题

轩轩受到胖胖的侵害,该用什么权利来保护自己?

 律博士答复

胖胖侵害了轩轩的健康权、人格尊严权。按照《民法典》的规定,民事主体的人格权受法律保护,任何组织或者个人不得侵害。胖胖侵害了轩轩的人格权，轩轩有权请求胖胖停止侵害、排除妨碍、消除危险、消除影响、恢复名誉、赔礼道歉。

民法典直通车

第九百九十条 人格权是民事主体享有的生命权、身体权、健康权、姓名权、名称权、肖像权、名誉权、荣誉权、隐私权等权利。

除前款规定的人格权外，自然人享有基于人身自由、人格尊严产生的其他人格权益。

第九百九十一条 民事主体的人格权受法律保护，任何组织或者个人不得侵害。

第九百九十五条 人格权受到侵害的，受害人有权依照本法和其他法律的规定请求行为人承担民事责任。受害人的停止侵害、排除妨碍、消除危险、消除影响、恢复名誉、赔礼道歉请求权，不适用诉讼时效的规定。

轩轩被王老师关进办公室了

轩轩是一个淘气的孩子。王老师是一位非常严厉的老师，他是轩轩的班主任。

有一天，轩轩上王老师课的时候，不专心听课，反而调皮捣蛋。他先是扯了前面小花的辫子，小花疼得叫出了声。王老师严厉地批评了轩轩。但是,轩轩没有丝毫的改进。随后,轩轩又在课堂上偷偷吃零食。他还时不时戳一下同桌小明,干扰小明学习。

王老师终于忍无可忍了。王老师生气地抓着轩轩,把他关进一间闲置的办公室。

这个房子比较昏暗,轩轩很害怕。轩轩央求老师放他出去,但是王老师并未理睬。等到放学的时候,轩轩才被放出来。

此时,轩轩的身心健康已经受到很大损害。轩轩回家后,爸爸发现了问题。

于是,轩轩的爸爸找到学校,要求赔礼道歉,并赔偿轩轩的精神损失。

学校认为，老师教育学生是职责，没有什么错误。学校拒绝了轩轩爸爸的要求。

问题

王老师把轩轩关到办公室里的行为对不对？

律博士答复

王老师关轩轩的行为不对。按照《民法典》的规定，轩轩享有身体权，身体完整和行动自由受法律保护。任何组织和个人不得侵害他人的身体权。王老师也不能侵害轩轩的身体权，把轩轩关到屋子里。所以，学校应该向轩轩赔礼道歉，赔偿轩轩的精神损失费。

民法典直通车

第九百九十五条 人格权受到侵害的，受害人有权依照本法和其他法律的规定请求行为人承担民事责任。受害人的停止侵害、排除妨碍、消除危险、消除影响、恢复名誉、赔礼道歉请求权，不适用诉讼时效的规定。

第一千零三条 自然人享有身体权。自然人的身体完整和行动自由受法律保护。任何组织或者个人不得侵害他人的身体权。

丹丹的照片上广告了

丹丹舞跳得非常好。她是个长相清秀、身姿挺拔的女孩。

丹丹从三岁开始学跳舞,多次获奖,在当地是小有名气的童星。

周末,丹丹的爸爸妈妈带着丹丹去逛街。走到市中心,丹丹突然发现自己的照片贴在广告牌上。"爸爸妈妈你们看,广告牌上有我的照片!"丹丹说道。爸爸妈妈这才发现,丹丹的照片被用在了某个舞蹈培训机构的广告上了。于是,丹丹的爸爸妈妈找到舞蹈培训机构,要求撤下广告牌上丹丹的照片,赔礼道歉并赔偿损失。

舞蹈培训机构却认为,丹丹以前在这儿上过舞蹈培训课,使用丹丹的照片做广告理所应当。而且,丹丹通过广告可以增加名气,因此拒绝了丹丹爸爸妈妈的要求。

问题

舞蹈培训机构在广告上使用丹丹的照片是对还是错？

 律博士答复

舞蹈培训机构在广告上使用丹丹的照片是不对的。舞蹈培训机构侵犯了丹丹的肖像权。按照《民法典》的规定，未经丹丹及丹丹爸爸妈妈同意，舞蹈培训机构不能把丹丹的照片用于广告宣传。如果有违法行为，舞蹈培训机构就得停止侵害、赔礼道歉和赔偿损失。

 民法典直通车

第一千零一十八条 自然人享有肖像权，有权依法制作、使用、公开或者许可他人使用自己的肖像。

肖像是通过影像、雕塑、绘画等方式在一定载体上所反映的特定自然人可以被识别的外部形象。

第一千零一十九条 任何组织或者个人不得以丑化、污损，或者利用信息技术手段伪造等方式侵害他人的肖像权。未经肖像权人同意，不得制作、使用、公开肖像权人的肖像，但是法律另有规定的除外。

未经肖像权人同意，肖像作品权利人不得以发表、复制、发行、出租、展览等方式使用或者公开肖像权人的肖像。

张轩轩的妹妹改名换姓了

张轩轩是一名小学生。他出生后,随父姓,取名轩轩。

最近,妈妈给轩轩生了一个可爱的小妹妹。轩轩一直在想着给妹妹取个好听的名字。

轩轩的爸爸是个武侠迷,更是个有个性的人。他满脑子都是武侠世界中的人物形象。于是,他向全家宣布:"我决定,给轩轩的妹妹取名叫风清云扬。"

轩轩惊讶地问爸爸:"妹妹不姓张吗?"爸爸得意地说:"要有个性。"轩轩妈妈说:"也不随我姓吗?"爸爸摇头否定。

最终,大家都觉得名字挺好听的,同意了爸爸的意见。

于是,爸爸兴冲冲地去给轩轩妹妹办理户口登记。派出所的户籍警察以"风"既不是父姓也不是母姓为由,拒绝办理。

爸爸向户籍警察解释无果后，向法院起诉派出所。

问题

爸爸能以"风清云扬"给轩轩妹妹起名字吗？

律博士答复

不能以"风清云扬"给轩轩妹妹起名字。按照《民法典》的规定，轩轩妹妹享有姓名权。轩轩爸爸给轩轩妹妹取名时，应当尊重社会公德，不得损害社会公共利益。除特殊情形外，轩轩妹妹的名字应当随父姓或者母姓。

第一千零一十二条　自然人享有姓名权，有权依法决定、使用、变更或者许可他人使用自己的姓名，但是不得违背公序良俗。

第一千零一十五条　自然人应当随父姓或者母姓，但是有下列情形之一的，可以在父姓和母姓之外选取姓氏：

（一）选取其他直系长辈血亲的姓氏；

（二）因由法定扶养人以外的人扶养而选取扶养人姓氏；

（三）有不违背公序良俗的其他正当理由。

少数民族自然人的姓氏可以遵从本民族的文化传统和风俗习惯。

人格权编

轩轩的日记被公开了

轩轩有个好习惯,喜欢写日记。他把不愿意说的秘密都写在了日记里。

豆豆是个好奇心很强的人。他是轩轩的同桌。他多次想要看轩轩的日记,都被轩轩拒绝了。

今天,轩轩跟往常一样在课后写日记。轩轩日记里记录了一件羞于启齿的事情——轩轩昨晚尿床了。

虽然轩轩今年已经8岁了,但是仍处于发育的阶段。而且,昨晚轩轩做梦了:在美丽的田野中,他找到一处偏僻的地方撒尿,非常惬意。等到梦醒后,轩轩发现自己尿床了。

轩轩羞红了脸。爸爸妈妈安慰了轩轩。

轩轩写完日记后,就去教室外面了。豆豆趁此时机,飞快地拿出轩轩的日记。

豆豆看完后哈哈大笑。他还在教室里大声朗读轩轩的日记,同学们笑成一片。

轩轩看到后,非常生气,脸涨得通红。轩轩要求豆豆停止错误的行为，并赔礼道歉。豆豆不认为自己有什么错，拒绝了轩轩的要求。

问题

豆豆的行为是对还是错？

律博士答复

豆豆偷看、朗读轩轩日记的行为是错误的。豆豆侵犯了轩轩的隐私权。按照《民法典》的规定，轩轩享有隐私权。任何组织或者个人不得以刺探、侵扰、泄露、公开等方式侵害他人的隐私权。豆豆偷看、朗读轩轩的日记，就是侵害轩轩的隐私权。因此，轩轩有权要求豆豆停止侵害、赔礼道歉和赔偿损失。

民法典直通车

第九百九十五条 人格权受到侵害的，受害人有权依照本法和其他法律的规定请求行为人承担民事责任。受害人的停止侵害、排除妨碍、消除危险、消除影响、恢复名誉、赔礼道歉请求权，不适用诉讼时效的规定。

第一千零三十二条 自然人享有隐私权。任何组织或者个人不得以刺探、侵扰、泄露、公开等方式侵害他人的隐私权。

隐私是自然人的私人生活安宁和不愿为他人知晓的私密空间、私密活动、私密信息。

人格权编

轩轩的个人信息被泄露了

今年，轩轩读小学三年级。

由于贪玩，轩轩的学习成绩一直不好，尤其是英语和数学。

爸爸妈妈下班之后，分别给轩轩辅导英语和数学作业。

最近，轩轩的爸爸妈妈遇上了烦心事。

校外的辅导机构想让轩轩参加课外辅导班。好多个校外的辅导机构给轩轩的爸爸妈妈打电话、发信息。

从电话交谈中和收到的短信里，轩轩的爸爸妈妈发现，这些辅导机构准确地知道轩轩的个人信息，包括轩轩的姓名、年龄、年级与学习薄弱的科目。

这不仅让轩轩的爸爸妈妈不胜烦扰，还让他们非常担心轩轩的个人信息被泄露了。

经过一番调查，轩轩的爸爸妈妈发现，原来是轩轩所在的小学将信息提

供给了辅导机构。该学校未经学生本人或其父母同意，私自将学生的详细信息提供给校外辅导机构。

轩轩的爸爸妈妈气冲冲地来到学校，要求学校停止泄露个人信息的错误行为，并赔礼道歉。学校却认为，自己有权将学生的个人信息提供给合作单位，不需要学生或家长的同意。

问题

学校泄露轩轩个人信息的行为是对还是错？

律博士答复

学校未经轩轩或父母的同意，泄露轩轩个人信息的行为是错误的。轩轩的个人信息受法律保护。按照《民法典》的规定，学校不得泄露个人信息，未经轩轩及父母同意，不得向他人非法提供轩轩的个人信息。因此，轩轩的爸爸妈妈有权要求学校停止侵害，并赔礼道歉。

第九百九十五条 人格权受到侵害的，受害人有权依照本法和其他法律的规定请求行为人承担民事责任。受害人的停止侵害、排除妨碍、消除危险、消除影响、恢复名誉、赔礼道歉请求权，不适用诉讼时效的规定。

第一千零三十四条 自然人的个人信息受法律保护。

个人信息是以电子或者其他方式记录的能够单独或者与其他信息结合识别特定自然人的各种信息，包括自然人的姓名、出生日期、身份证件号码、生物识别信息、住址、电话号码、电子邮箱、健康信息、行踪信息等。

个人信息中的私密信息，适用有关隐私权的规定；没有规定的，适用有关个人信息保护的规定。

第一千零三十五条 处理个人信息的，应当遵循合法、正当、必要原则，不得过度处理，并符合下列条件：

（一）征得该自然人或者其监护人同意，但是法律、行政法规另有规定的除外；

（二）公开处理信息的规则；

（三）明示处理信息的目的、方式和范围；

（四）不违反法律、行政法规的规定和双方的约定。

个人信息的处理包括个人信息的收集、存储、使用、加工、传输、提供、公开等。

第一千零三十八条 信息处理者不得泄露或者篡改其收集、存储的个人信息；未经自然人同意，不得向他人非法提供其个人信息，但是经过加工无法识别特定个人且不能复原的除外。

信息处理者应当采取技术措施和其他必要措施，确保其收集、存储的个人信息安全，防止信息泄露、篡改、丢失；发生或者可能发生个人信息泄露、篡改、丢失的，应当及时采取补救措施，按照规定告知自然人并向有关主管部门报告。

婚姻家庭编

父母可以随意打孩子吗？

夏天来了。体育课上，同学们都穿着清凉的短袖运动服。丹丹发现只有晓晓一个人还穿着长袖长裤。

丹丹觉得晓晓很奇怪，但也没有多问。她心想：晓晓是不是生病了？

晓晓很擅长运动，体育课表现向来优秀。但是，今天晓晓总是落在队伍后边。

突然，晓晓不小心摔倒了。丹丹急忙跑过去，拉住晓晓的胳膊，想把她扶起来。

"啊！疼！疼！疼！"晓晓失声喊道。

丹丹轻轻地拉起晓晓的袖子，发现晓晓的胳膊满是伤痕。原本白嫩健康的胳膊，变得青一块紫一块，肿得像萝卜。

"你胳膊怎么了？"丹丹急切地问。

晓晓支支吾吾地不肯说。后来，在丹丹的鼓励下，晓晓才说："前天，爸爸喝醉了，和妈妈大吵大闹。爸爸没处撒气，看到我的作业写得不好，就打了我。妈妈拦也拦不住。"

 问　题

晓晓爸爸打晓晓的行为合适吗？

 律博士答复

不论出于什么原因，父母打孩子的行为都是不对的。

父母有教育、保护未成年子女的权利和义务，但教育子女应当注重方式方法，法律明确规定，禁止任何形式家庭暴力。平等沟通、互相尊重是家庭成员之间和睦相处的重要基础，更是促进未成年子女健康成长的有力保障。

《民法典》在婚姻家庭编中还对家庭的社会责任进行了明确规定。家庭成员应当敬老爱幼，互相帮助，维护平等、和睦、文明的婚姻家庭关系。

第一千零四十二条 禁止包办、买卖婚姻和其他干涉婚姻自由的行为。禁止借婚姻索取财物。

禁止重婚。禁止有配偶者与他人同居。

禁止家庭暴力。禁止家庭成员间的虐待和遗弃。

第一千零四十三条 家庭应当树立优良家风，弘扬家庭美德，重视家庭文明建设。

夫妻应当互相忠实，互相尊重，互相关爱；家庭成员应当敬老爱幼，互相帮助，维护平等、和睦、文明的婚姻家庭关系。

妈妈有权决定参加志愿活动吗？

中午放学回家时，丹丹看到了小区倡导全民读书的横幅。丹丹兴冲冲地跑回家，想要告诉爸爸妈妈。

刚进家门，丹丹就看见爸爸妈妈在争论。"你们在争论什么呢？"丹丹问。

爸爸说："你妈妈想每周末去参加倡导全民读书的志愿活动。但是，活动地点有点远，如果参加活动，你妈妈周末就陪伴不了你。"妈妈说："挺有意义的活动，我想为社会做点自己的贡献。"

爸爸坚决不同意。爸爸认为，妈妈不应该去那么远的地方参加活动，应该留在家里，照顾丹丹。

丹丹确实想让妈妈在家陪自己。同时，丹丹认为妈妈参加倡导读书志愿活动挺有意义的。丹丹左右为难。

最终，妈妈考虑到要照顾丹丹和尊重爸爸的意见，没有参加志愿活动。

 问题

妈妈有权决定参加志愿活动吗？

 律博士答复

妈妈有权自主决定参加志愿活动。

我国法律规定，夫妻在家庭和婚姻中地位平等，地位平等体现为权利义务平等、人格尊严平等等方面。不论是工作、生活、学习，还是参加社会活动，双方都有根据自己意愿选择是否参加活动的权利，另一方不得进行限制或者干涉。夫妻都享有自由参加各种活动的权利正是平等原则的体现。

因此，即便爸爸坚持反对妈妈参加志愿活动，仍然不影响妈妈自愿参加社会活动的权利，妈妈依旧可以基于自己的考虑和安排参加读书志愿活动。

同时，志愿活动也是国家倡导的一种公益行动。不仅丹丹的妈妈，丹丹和爸爸也可以多参加这些对社会有意义的志愿活动。

婚姻家庭编

民法典直通车

第一千零五十五条 夫妻在婚姻家庭中地位平等。

第一千零五十七条 夫妻双方都有参加生产、工作、学习和社会活动的自由,一方不得对另一方加以限制或者干涉。

丹丹的二叔能收养孩子吗?

丹丹的二叔自小学习勤奋刻苦,考上了很有名气的北京大学。

后来,丹丹的二叔还读了博士,毕业后在一所大学做教师。

30岁那年,丹丹的二叔和他的大学同学结婚了,过着幸福的生活。

可是,结婚几年了,二叔和婶婶依然是两个人生活,一直没有生育。

丹丹的二叔每次见丹丹,都会给丹丹买很多玩具,还要陪丹丹一起玩耍和学习。

丹丹看到二叔特别喜欢小朋友，就问道："二叔，你和婶婶怎么不生一个孩子呢？"

二叔有点失落的样子，小声地叹道："唉，你婶婶身体不好，医生说可能无法生育。"

问题

如果丹丹的婶婶不能生育，他们能收养一个孩子吗？

律博士答复

丹丹的二叔符合法律规定的收养条件，可以收养一个孩子。

我国法律规定，如果收养人年满30周岁，没有孩子或者只有一个孩子，有抚养、教育和保护被收养人的能力，并没有在医学上认为不应当收养子女的疾病，也没有不利于被收养人健康成长的违法犯罪记录，可以收养一个孩子。如果被收养的孩子年满8周岁，还应该征得被收养人的同意。

特定情况下，收养子女不受上述条件的限制。

民法典直通车

第一千零九十八条 收养人应当同时具备下列条件：

（一）无子女或者只有一名子女；

（二）有抚养、教育和保护被收养人的能力；

（三）未患有在医学上认为不应当收养子女的疾病；

（四）无不利于被收养人健康成长的违法犯罪记录；

（五）年满三十周岁。

第一千零九十九条 收养三代以内旁系同辈血亲的子女，可以不受本法第一千零九十三条第三项、第一千零九十四条第三项和第一千一百零二条规定的限制。

华侨收养三代以内旁系同辈血亲的子女，还可以不受本法第一千零九十八条第一项规定的限制。

第一千一百条 无子女的收养人可以收养两名子女；有子女的收养人只能收养一名子女。

收养孤儿、残疾未成年人或者儿童福利机构抚养的查找不到生父母的未成年人，可以不受前款和本法第一千零九十八条第一项规定的限制。

第一千一百零三条 继父或者继母经继子女的生父母同意，可以收养继子女，并可以不受本法第一千零九十三条第三项、第一千零九十四条第三项、第一千零九十八条和第一千一百条第一款规定的限制。

第一千一百零四条 收养人收养与送养人送养，应当双方自愿。收养八周岁以上未成年人的，应当征得被收养人的同意。

杰克叔叔能收养墨墨吗？

六一儿童节到了，学校安排了一项有重要意义的活动，让同学们和福利院的小朋友一起庆祝儿童节。

丹丹在联谊活动中结识了一位新朋友——墨墨。

通过交谈，丹丹得知墨墨是孤儿，亲戚都没有能力抚养墨墨，所以墨墨就在福利院生活。

丹丹非常同情墨墨的遭遇，两人低着头不知道该说些什么。

墨墨为了打破沉默，回房间拿出一本英文有声书，和丹丹读了起来。

墨墨说："我听福利院的阿姨说，杰克叔叔想要收养我。我很喜欢杰克叔叔，但他是英国人。外国人可以收养中国孩子吗？"

问题

杰克叔叔能收养墨墨吗？

律博士答复

英国人杰克叔叔如果满足法律规定的条件，依照程序，可以在中国收养子女。

杰克叔叔要收养墨墨，需要满足以下条件：首先，他需要英国主管机关依据英国法律审查同意；其次，他应当提供英国相关机构出具的关于自己的年龄、婚姻、职业、财产、健康等状况的证明材料，这些证明材料还需要经过外交机关的认证；最后，他还需要和墨墨所在的福利院签订书面协议，亲自去福利院所在省、自治区、直辖市人民政府民政部门办理登记手续。

一般情况下，满足上述条件后，杰克叔叔就可以收养墨墨。

民法典直通车

第一千一百零九条 外国人依法可以在中华人民共和国收养子女。

外国人在中华人民共和国收养子女，应当经其所在国主管机关依照该国法律审查同意。收养人应当提供由其所在国有权机构出具的有关其年龄、婚姻、职业、财产、健康、有无受过刑事处罚等状况的证明材料，并与送养人签订书面协议，亲自向省、自治区、直辖市人民政府民政部门登记。

前款规定的证明材料应当经收养人所在国外交机关或者外交机关授权的机构认证，并经中华人民共和国驻该国使领馆认证，但是国家另有规定的除外。

继承编

丹丹的妈妈有继承权吗？

丹丹很小的时候，外婆就去世了。妈妈把外公接到家里一起生活。外公一直陪伴着丹丹长大。

周末，外公和朋友去喝酒，回来的路上摔了一跤，引发了脑血栓。

外公在医院住了一个多月后，去世了。

丹丹一家特别伤心，出殡以后，丹丹的妈妈与舅舅、舅妈一起收拾外公的遗物。

舅妈说："爸妈都去世了，留下一套房子和一些存款。你是家里唯一的儿子，遗产就归你继承了。"

舅舅说："我和姐姐都是爸妈的儿女，房子和存款应该由我和姐姐平分。"

舅妈说："农村的风俗都是儿子继承父母遗产，女儿无权继承。"

舅舅与舅妈争论不休。

问题

舅舅和舅妈谁说得对？

律博士答复

舅妈的说法错误。重男轻女是我国旧社会的不良习俗，是不符合我国法律规定的。

我国法律规定，外公的遗产应该由外公的继承人继承。继承人有第一顺序继承人和第二顺序继承人的说法，只要有第一顺序继承人，就由第一顺序继承人继承，第二顺序继承人无权继承。第一顺序继承人为配偶、子女和父母。

现在外公的配偶和父母都不在人世，有权继承外公遗产的人就是外公的子女，也就是丹丹的妈妈和舅舅。

继承权男女平等，儿子和女儿享有平等的继承权。丹丹的妈妈和舅舅作为外公的女儿和儿子，都有平等的继承权，所以丹丹的妈妈和舅舅能够共同继承外公留下的一套房子和存款。

民法典直通车

第一千一百二十六条　继承权男女平等。

第一千一百二十七条第一款　遗产按照下列顺序继承：

（一）第一顺序：配偶、子女、父母；

（二）第二顺序：兄弟姐妹、祖父母、外祖父母。

第一千一百二十七条第二款　继承开始后，由第一顺序继承人继承，第二顺序继承人不继承；没有第一顺序继承人继承的，由第二顺序继承人继承。

徐志华爷爷的遗嘱有效吗？

周末，丹丹完成作业后，就在客厅摆弄积木。妈妈在客厅看电视，不一会儿就听到妈妈小声嘀咕，看起来愤愤不平的样子。

丹丹来到妈妈面前，疑惑地看着妈妈。

妈妈给丹丹讲电视节目里的事情：

主人公徐志华爷爷和妻子生育了一个儿子徐继勇。

2003年，徐志华的妻子不幸感染"非典"去世。徐志华爷爷一个人独自生活了很久。

后来，徐志华爷爷与另外一位丧偶的张奶奶再婚。

2021年元旦，徐志华爷爷已经81岁了。他最爱自己的儿子，想着自己时日无多，便书写了遗嘱："我去世以后，我的遗产全部归我的儿子徐继勇。遗嘱人：徐志华。2021年1月1日。"

他的现任妻子张奶奶80岁，既没有劳动能力，又没有生活来源。

问 题

徐志华爷爷不给张奶奶分配遗产合适吗？

律博士答复

徐志华爷爷未给再婚妻子张奶奶分配遗产的遗

嘱不合适。

依据我国法律规定，遗嘱应当为缺乏劳动能力又没有生活来源的继承人保留必要的遗产份额。

徐志华爷爷的儿子徐继勇和徐志华爷爷再婚的妻子张奶奶都是徐志华爷爷的第一顺序法定继承人。张奶奶已经80岁了，既没有劳动能力，又没有生活来源。徐志华爷爷的自书遗嘱虽是其真实的意思表示，但遗嘱没有为缺乏劳动能力又没有生活来源的继承人张奶奶保留必要的遗产份额。遗产处理时，徐志华爷爷应当为张奶奶留下必要的遗产，剩下的部分才可以按照遗嘱进行分配。

第一千一百四十一条 遗嘱应当为缺乏劳动能力又没有生活来源的继承人保留必要的遗产份额。

一件让人哭笑不得的事

放学回家后，丹丹很快就写完了作业。妈妈还在厨房准备晚饭。

经过妈妈允许，丹丹打开了电视。

丹丹看到电视剧中的富豪在立遗嘱，要将自己的遗产留给自己最爱的小儿子。

丹丹觉得写遗嘱真好玩儿。于是，丹丹拿出笔和本子，慢悠悠地写了起来："我死后我的压岁钱归妈妈，玩具归我的好朋友彤彤。"

 问　题

丹丹的遗嘱有效吗？

 律博士答复

丹丹的遗嘱无效。

丹丹虽然对自己的财产进行了分配，是真实的意思表示,但并不意味着丹丹的遗嘱有效,因为遗嘱要发生效力必须符合相应的要求。

首先,遗嘱的形式有自书遗嘱、代书遗嘱、录音录像遗嘱、打印遗嘱、口头遗嘱和公证遗嘱六种形式。丹丹这个遗嘱形式属于自书遗嘱,丹丹的自书遗嘱还应该签上自己的名字,注明年月日才符合自书遗嘱的形式要求。

其次,即使丹丹在自书遗嘱上签了名,并注明了年月日,遗嘱也是无效的。因为丹丹今年7岁,属于无民事行为能力人,根据我国法律规定,无民事行为能力人或者限制民事行为能力人所立的遗嘱无效。

第一千一百四十三条　无民事行为能力人或者限制民事行为能力人所立的遗嘱无效。

遗嘱必须表示遗嘱人的真实意思,受欺诈、胁迫所立的遗嘱无效。

伪造的遗嘱无效。

遗嘱被篡改的,篡改的内容无效。

大伯的遗产

2020年春季，丹丹的大伯国华感染了新型冠状病毒。大伯在医院治疗一个多月后去世了。

丹丹的爷爷和奶奶白发人送黑发人，非常难过。

丹丹的大妈非常伤心。

因为新冠疫情，大妈、爷爷、奶奶连大伯的最后一面都没见着。

大伯和大妈婚后没有孩子，两个人辛勤工作，一起买了一套住房。

爷爷、奶奶、大伯、大妈生活在一起，共同出资经营一家商店。

大伯再没有其他财产。

问　题

丹丹大伯的遗产都有哪些？

律博士答复

丹丹大伯的遗产包括购买住房的一半和商铺的一部分。

丹丹的大伯、大妈婚后一起购买住房，此房为夫妻共同所有的财产，大伯只有这套房子一半的所有权，这套住房的一半属于大伯的遗产。

大伯、大妈、爷爷、奶奶共同生活，四人共同出资经营的商店，属于四人共同所有的财产。商店应分四份，先分出其他三人的部分，剩下的部分才是大伯的遗产。

第一千一百五十三条 夫妻共同所有的财产，除有约定的外，遗产分割时，应当先将共同所有的财产的一半分出为配偶所有，其余的为被继承人的遗产。

遗产在家庭共有财产之中的，遗产分割时，应当先分出他人的财产。

侵权责任编

损坏的水晶球怎么赔偿？

丹丹今年7岁了，马上要开学啦，为了准备上学用的东西，爸爸带着丹丹来到文具店，购买学习用品。

丹丹和爸爸一起挑选了新的橡皮擦、铅笔、尺子、文具盒和作业本。这时爸爸的手机响了起来，是爸爸单位打来的电话。爸爸走到信号好的地方接电话，没有注意丹丹的行为。

丹丹心想：我马上就是二年级的小朋友啦，我是大孩子了，爸爸妈妈总是照顾我，我也可以帮助爸爸妈妈

做好多好多事……丹丹越想越开心,在原地蹦蹦跳跳。

一不小心,丹丹手里的金属玩具碰倒了货架上的水晶球,只听"嘭!"的一声,水晶球掉在地上,摔碎了。

丹丹吓得哭了起来……

问题

丹丹要赔水晶球吗?

律博士答复

丹丹损坏了文具店的水晶球,侵犯了文具店老板的财产权,造成了文具店老板的损失,但丹丹只有7岁,属于无民事行为能力人,无民事行为能力人造成他人损害的,由监护人丹丹的爸爸承担责任。

如果丹丹有自己的压岁钱,爸爸妈妈可以用丹丹的压岁钱赔偿给文具店的老板,压岁钱不够赔偿水晶球价值的部分,由丹丹爸爸妈妈进行赔偿;如果丹丹没有自己的压岁钱,需要用爸爸妈妈的钱赔偿给文具店老板。

侵权责任编

民法典直通车

第一千一百八十八条 无民事行为能力人、限制民事行为能力人造成他人损害的，由监护人承担侵权责任。监护人尽到监护职责的，可以减轻其侵权责任。

有财产的无民事行为能力人、限制民事行为能力人造成他人损害的，从本人财产中支付赔偿费用；不足部分，由监护人赔偿。

丹丹的治疗费用谁承担？

丹丹今年7岁，刚刚上小学二年级。星期三下午，体育老师带领同学们在篮球场做完运动前的准备活动后，

让同学们一起学习广播体操动作。

同学们在老师的示范下，认真地学习广播体操。丹丹站在队伍的最前面，也在专心地练习动作。随着广播体操的音乐声，老师上课时放在旁边的实心球滚了过来，"咚！"的一声砸到了丹丹的脚

上，丹丹被砸倒在地，大哭起来。

老师赶紧打120急救电话，将丹丹送去了医院。

经检查，丹丹的左脚背被砸中，造成左脚骨折。

 问题

丹丹的治疗费用应该由谁承担？

 律博士答复

丹丹的治疗费用由学校承担。

丹丹作为无民事行为能力人正常参加学校的教学活动，被实心球砸中受到人身损害，学校应该承担侵权责任。

丹丹在学校参加体育活动，学校应确保场地使用的安全性。在丹丹正常做操的过程中，实心球滚到丹丹的脚上，表明学校没有尽到安全职责，不具有免除侵权责任的事由。因此，丹丹在学校受伤的治疗费用应该由学校承担。

侵权责任编

民法典直通车

第一千一百九十九条 无民事行为能力人在幼儿园、学校或者其他教育机构学习、生活期间受到人身损害的，幼儿园、学校或者其他教育机构应当承担侵权责任；但是，能够证明尽到教育、管理职责的，不承担侵权责任。

小狗咬人谁负责？

放学回家后，丹丹很快就写完了作业。妈妈还在厨房准备晚饭。

丹丹看到家里的小狗花花一直在抓门，心想：看来花花又想外出

散步了。于是，丹丹打开门，连狗绳也没拴，就开开心心地带着花花出门了。

丹丹到了楼下，看到几个小朋友正在玩溜溜球，还有她熟悉的思颖，丹丹也和他们一起玩起了溜溜球。

丹丹一不小心将溜溜球甩出很远。张阿姨从远处

走来,刚好走到溜溜球旁边。张阿姨弯下腰去,帮忙捡溜溜球。

这时,花花以为张阿姨是来抢丹丹的溜溜球的坏人,跑上去对着张阿姨的手咬了一口。

张阿姨去医院了,丹丹不知所措……

 问 题

张阿姨的医疗费谁来承担?

 律博士答复

丹丹家要为张阿姨承担医疗费等各项费用。丹丹一家饲养小狗必须有必要的安全管控措施,外出时应该给小狗加颈圈和绳子,由丹丹家里具有完全民事行为能力的大人牵领,并主动避让他人。

丹丹外出时没有给小狗加颈圈和绳子,不符合宠物饲养的规定。即使丹丹给小狗加了颈圈和绳子，因为丹丹不具有民事行为能力，仍然不应该独自带狗外出。

丹丹一家作为动物的饲养人，没有管好饲养的小狗，致使小狗咬伤了张阿姨。张阿姨在正常行走过程中帮小朋友捡溜溜球，没有逗弄小狗等过错行为，张阿姨被狗咬伤的医疗费用应当全部由丹丹一家承担，张阿姨自己不承担任何费用。

第一千一百七十九条 侵害他人造成人身损害的，应当赔偿医疗费、护理费、交通费、营养费、住院伙食补助费等为治疗和康复支出的合理费用，以及因误工减少的收入。造成残疾的，还应当赔偿辅助器具费和残疾赔偿金；造成死亡的，还应当赔偿丧葬费和死亡赔偿金。

第一千二百四十五条 饲养的动物造成他人损害的，动物饲养人或者管理人应当承担侵权责任；但是，能够证明损害是因被侵权人故意或者重大过失造成的，可以不承担或者减轻责任。

第一千二百四十六条 违反管理规定，未对动物采取安全措施造成他人损害的，动物饲养人或者管理人应当承担侵权责任；但是，能够证明损害是因被侵权人故意造成的，可以减轻责任。

高空抛物要避免

丹丹家住在一幢30层楼高的电梯房里,楼下是美丽的花朵、碧蓝的湖水、绿油油的草地。

星期五下午,妈妈接丹丹放学回家,在小区门口,丹丹和妈妈看到楼下拉上了警戒线。

许多邻居围在楼下,你一句我一句地讨论着。

从邻居口中得知,今天上午有位姐姐来亲戚家做客,出门回家的时候,被楼上掉下的酒瓶砸中,抢救无效死亡。

邻居们议论纷纷,都在谴责扔酒瓶的人。可是,楼里的住户都说自家没有扔过酒瓶。

问题

谁来对死亡的姐姐承担责任呢?

 律博士答复

为了安全,所有人都不能高空抛物。如果高空抛物造成人身或财产损失,要承担赔偿责任。这次死亡事件的受害人家属可以向扔下酒瓶的人请求赔偿。

如果找不到扔下酒瓶的人,则向该栋楼可能扔下酒瓶的所有住户请求共同承担赔偿责任。由这些住户共同承担责任后,若找到扔酒瓶的住户,承担了责任的住户可以向扔下酒瓶的住户追偿。

如果该小区的物业管理公司没有采取相应的安全保障措施,还可以请求物业管理公司承担未履行安全保障义务的责任。

为了找到真正的扔下酒瓶的人,还可以向公安等机关报案,公安机关应当依法及时调查,查清扔下酒瓶的人。

民法典直通车

第一千二百五十四条 禁止从建筑物中抛掷物品。从建筑物中抛掷物品或者从建筑物上坠落的物品造成他人损害的,由侵权人依法承担侵权责任;经调查难以确定具体侵权人的,除能够证明自己不是侵权人的外,由可能加害的建筑物使用人给予补偿。可能加害的建筑物使用人补偿后,有权向侵权人追偿。

物业服务企业等建筑物管理人应当采取必要的安全保障措施防止前款规定情形的发生;未采取必要的安全保障措施的,应当依法承担未履行安全保障义务的侵权责任。

发生本条第一款规定的情形的,公安等机关应当依法及时调查,查清责任人。